AF337740

LA FRANCE

DEVANT L'EUROPE

ET

L'ALLIANCE RUSSE.

LA FRANCE
DEVANT L'EUROPE

ET

L'ALLIANCE RUSSE.

PAR LE CAPITAINE

CHARLES DUBOIS,

(Auteur des **Considérations sur cinq fléaux, etc**)

« L'honneur avant tout ! »

Une étroite alliance avec la Russie est
indispensable pour avoir une paix véritable,
qui est loin d'exister aujourd'hui.
(Page 9 de la brochure.)

PARIS

E. DENTU, LIBRAIRE-ÉDITEUR,

PALAIS-ROYAL, GALERIE D'ORLÉANS, 13,

et chez l'Auteur, rue de Richelieu, 5.

1859

PRÉFACE

—

Depuis la fabuleuse campagne de Crimée, où le plus pur sang et l'or de la France ont coulé à grands flots, divers écrivains, animés d'un noble patriotisme, ont cherché à exposer la nouvelle situation du pays vis-à-vis des autres nations, surtout avec l'Angleterre. Tous ont senti parfaitement et exprimé l'importance de ce grave sujet. Mais le prix excessif de leurs brochures (à cause du timbre), ou leur volumineux format, ou parfois leur ton par trop déclamatoire, en a rendu souvent la lecture difficile ou à peu près impossible. Après un examen consciencieux, je vais présenter, avec toute l'exactitude possible, sans prolixité, le caractère et la position de plusieurs peuples sur lesquels repose, en grande partie, la paix du monde.

Nous sommes à une époque de progrès et de mouvement politique extraordinaire où toutes les classes doivent être éclairées sur leurs intérêts moraux et matériels. Dans l'état de choses difficile où se trouve l'Europe, chacun doit être instruit des actes auxquels il faut infliger le blâme ou accorder son approbation. La simplicité de cet écrit le rend accessible à tous les Français qui n'ont pas la possibilité de s'occuper longuement de politique, mais désireux, pourtant, de connaître suffisamment la situation, AUJOURD'HUI SI IMPORTANTE, de leur pays.

Le premier devoir d'un écrivain sérieux étant de dire toujours la vérité, on doit s'attendre à trouver ici avec l'exposition de nos bonnes qualités celle de nos défauts et de nos erreurs.

Des hommes d'un grand savoir, et *satisfaits,* voient tout en rose, et nous assurent que tout est pour le mieux. D'autres, de la même catégorie, mais aigris ou de mauvaise foi, voient et nous montrent tout en noir. Le bonheur ou le mécontentement les aveugle les uns et les autres. — Ne les croyons pas. Montrons plus de probité et de bon sens, plus de patriotisme qu'eux. Corrigeons-nous, autant que possible, et ayons confiance dans l'avenir : notre passé répond suffisamment du présent.

N'oublions pas que les flatteurs, les charlatans, les utopistes et les ambitieux ont causé à plusieurs reprises de grands maux à notre patrie; repoussons avec mépris ces hideux ou tristes sectaires. Non, nous ne sommes pas heureux, ainsi qu'on a osé le dire : *Toutes les classes souffrent, mais surtout les inférieures.* Quelque glorieuse qu'elle ait été, nous subissons les conséquences qui suivent inévitablement une grande guerre, qui nous était impérieusement commandée par l'honneur et l'intérêt; les conséquences, également, d'inondations effroyables, de plusieurs mauvaises années de récolte, d'une crise commerciale infâme dont nous sommes purs, Dieu merci ! Oui, la France souffre; mais elle console son grand cœur en songeant à sa gloire et au sort meilleur qui l'attend sous peu. Oui, l'armée, expression du pays, est sourdement frémissante en pensant à la politique étrangère, cause de la prolongation du malaise dont nous sommes frappés; elle n'attend qu'un mot, un signe, pour faire cesser une situation indigne qui nous blesse profondément.

Non, la France n'est point déchue depuis dix ans, ainsi qu'on l'a dit et écrit avec une insigne mauvaise foi; elle n'a jamais été plus glorieuse sous une infinité de rapports! A force de probité, elle est trop crédule; des étrangers la trompent; ils l'endorment, elle patiente : nous verrons bientôt son réveil.

Cн. DUBOIS.

Décembre 1858.

L'ANGLETERRE RENFERME BIEN DES HOMMES ÉMINENTS ET D'UN GRAND CŒUR, DANS TOUTES LES CLASSES ; DES HOMMES TOUT A FAIT SYMPATHIQUES, DE VÉRITABLES AMIS DE L'HUMANITÉ. MALHEUREUSEMENT NOUS N'AVONS PAS AFFAIRE QU'A EUX : LA NATION NOUS EST HOSTILE.

UNE ÉTROITE ALLIANCE AVEC LA RUSSIE EST INDISPENSABLE POUR AVOIR UNE PAIX VÉRITABLE, QUI EST LOIN D'EXISTER AUJOURD'HUI. — OUI, LE PLUS SIMPLE BON SENS NOUS INDIQUE LA NÉCESSITÉ DE CETTE ALLIANCE : NOUS LE DÉMONTRERONS DANS CE STRICT APERÇU.

I

Malgré le dernier congrès de la paix, depuis quelque temps des questions brûlantes ou chimériques préoccupent vivement les esprits en Europe : 1° La continuation de l'ambition insatiable d'une grande puissance ; sa jactance ; sa politique réprouvée, ainsi que celle de quelques autres pays ; 2° la nouvelle situation de la France ; la crainte d'un envahissement de sa part ; et 3° la position palpitante de l'Italie qui étouffe ; des îles Ioniennes qui gémissent ; de l'Inde qu'on extermine et de la Turquie qui se suicide.

Cherchons la vérité et une solution.

Citons avant tout les faits qui ont provoqué notre brochure.

Dernièrement, des journaux anglais se sont plu, pour la centième fois, à mettre les vertus qu'il leur convient d'accorder à la Grande-Bretagne en parallèle avec nos défauts, et à faire de nous, aux yeux des autres nations, un peuple déplorable.

Nous aurions pu dédaigner ces clameurs : le lion ne doit point s'inquiéter des cris du chacal. Cependant, nous croyons devoir répondre aujourd'hui, pour en finir, mais en oubliant la perfidie, les mensonges et la violence de nos indignes adversaires, qui sont, nous en sommes convaincus, repoussés par tous les hommes d'honneur de l'Angletèrre.

Toutefois, en répondant, nous ne rappellerons pas un certain passé : nous aurions par trop d'avantage.

Tout récemment encore, ces mêmes journaux et d'autres se sont escrimés, en distillant de nouveau leur fiel, à nous montrer en pleine décadence physique et morale. Oui, il y a décadence, mais, comme presque partout, encore à l'état d'embryon. Écrivains, orateurs impudents et déloyaux! demandez donc à vos valeureux soldats de la campagne de Crimée si nous sommes de vains *traîneurs de sabre* et si nous sommes tant dégénérés! C'est chez ce braves, c'est dans leur cœur qu'il faut aller prendre des renseignements, et non dans la fange morale où vous existez.

Hélas! dans cette guerre gigantesque, avant l'action décisive, nos guerriers avaient vu plus de cinquante mille de leurs frères mis hors de combat, et ils n'en avaient que plus d'ardeur!

Chers amis, vieux compagnons, après votre glorieux trépas, qui nous cause de si poignants regrets, une consolation nous reste en pensant que nous nous retrouverons là-haut, et que la France fournira encore bien des armées de nobles soldats dignes de vous!

Un regret aussi bien sincère, aux intrépides enfants de la Grande-Bretagne qui sont tombés à côté de nos frères.

Après avoir montré loyalement nos rivaux tels que

nous les croyons, nous nous mettrons franchement à découvert avec nos imperfections. Nos défauts ne nuisent guère qu'à nous, les leurs nuisent déplorablement au monde entier, on ne le sait que trop.

L'auteur de cet écrit pense que dans une question comme celle qui nous occupe, un écrivain se déshonorerait s'il imputait sciemment à un peuple un défaut qu'il n'a pas, ou une mauvaise action qu'il n'aurait point commise.

II

TABLEAUX INDICATIFS

DES QUALITÉS DE DEUX NATIONS SUR LESQUELLES REPOSE, EN GRANDE PARTIE, LA PAIX DU MONDE.

Voici ce qu'est l'une de ces nations, avec ses avantages :
Pieuse ; aimant profondément la famille ;
portant l'esprit national au point le plus élevé ;
valeureuse au plus haut degré ; solidement et brillamment guerrière.

La plus belle page de son histoire c'est d'avoir, puissamment et avec la plus vive ardeur, contribué à la destruction de l'esclavage.

Brillamment intelligente (sous presque tous les rapports), ayant porté les connaissances humaines à un degré inouï.

Essentiellement initiative.

Respectant bien ses lois et son souverain ;
laborieuse de toutes ses forces ; symbole de l'activité ;
au premier rang pour l'agriculture, qui est une de ses belles gloires ; soignant avec affection les animaux domestiques ;

possédant l'esprit d'ordre et de propreté ;

hospitalière et charitable ; — industrieuse au plus haut degré ;

possédant le génie créateur, maritime, commercial, et l'esprit d'association au point le plus élevé ;

avide de découvertes et d'inventions ;

entreprenante au delà de l'imagination ; patiente ; possédant de très-belles institutions philanthropiques.

Solide dans ses relations d'individu à individu.

Rétribuant parfaitement son armée. — Aimant passionnément la gloire des armes, le commerce, les arts industriels, le progrès, et récompensant noblement ses guerriers, ses navigateurs illustres, les auteurs des découvertes et des inventions utiles, et ses artistes.

Ajoutons que les femmes de cette nation sont généralement belles, bien élevées, et sont ou font d'excellentes mères de famille. Elles seraient presque parfaites, avec un grain de coquetterie de moins.

REVERS DE LA MÉDAILLE.

Nation allant bien au delà d'un juste orgueil.

Traitant indignement une grande fraction de *ses enfants* qui ne professe pas la religion de l'État.

Opulente et possédant un nombre effrayant de pauvres, chose aussi bizarre que triste et dangereuse.

Patrie des priviléges révoltants, à une époque où chacun éprouve le plus grand besoin de justice. Ayant une aristocratie dominante qui gouverne, et écrasante au point que le reste de la nation ne peut posséder ni biens fonciers, ni grade d'officier dans les armées de terre et de mer, sinon exceptionnellement.

Cachant souvent une mauvaise intention envers d'autres nations, dans l'hospitalité qu'elle accorde aux réfugiés D'une ambition insatiable. Ombrageuse et jalouse.

Montrant constamment ses rivaux comme étant des perturbateurs prêts à tout envahir, et, par cette politique, envahissant toujours elle-même, en semant sans cesse la discorde. Se jouant odieusement des traités.

S'opposant ordinairement, ouvertement ou par une action occulte, à l'établissement de choses favorables aux intérêts de l'Europe ou du monde entier, quand elle n'en espère pas un avantage plus grand que celui des autres nations. Aussi presque partout abhorrée.

Une chose bien tristement remarquable, c'est que son journal le plus populaire, par conséquent celui qui a le plus d'abonnés, est précisément celui qui est le plus impudent, le plus fourbe, le plus méchant de tous ceux qui s'impriment dans les deux mondes.

Indépendamment de ce que nous avons déjà dit, voici ce que sont encore, individuellement, les hommes de cette nation, à de grandes exceptions près, bien entendu :

Assez tièdes pour les beaux-arts ; mutilant souvent, à l'étranger, les chefs-d'œuvre antiques ou autres pour en rapporter des débris chez eux...

Sacrifiant souvent le bon sens à la mode.

Quinteux, hargneux, assez haineux, intempérants ; très-peu polis ; grossiers envers leurs rivaux, qu'ils appellent, *entre eux,* chiens; les dénigrant, les insultant même, gratuitement, dans leurs journaux et dans leurs banquets, après en avoir reçu l'hospitalité la plus cordiale.

Quelque solides et brillantes que soient beaucoup des qualités de ces hommes si oublieux de la fraternité du

champ de bataille, leur orgueil insensé, leur langage of-
fensant, leur injuste et ridicule dédain pour les autres
peuples, sont bien faits pour leur mériter des antipathies,
qu'on ne saurait leur refuser.

Leur ambition insatiable et leur caractère blessant en
ont fait les hôtes les plus incommodes et les plus dange-
reux du globe. Certes, s'il y avait seulement quatre indi-
vidus aussi impudents que MM. P. et R., à leurs tribunes,
on verrait bientôt une rupture éclatante.

Enfin l'esprit qui anime leur majorité peut amener
une guerre effroyable et même un bouleversement général, malgré la haute sagesse et l'autorité de beaucoup
d'esprits éminents qui s'interposent.

Elle ne veut pour alliés que des complaisants ou des
dupes.

Partout, cependant, elle trouve de sots ou perfides admirateurs, parce que partout elle a des écrivains stipen-
diés, aussi fourbes qu'habiles.

QUALITÉS ET AVANTAGES DE L'AUTRE NATION.

Religieuse avec calme. — Ayant l'esprit national.
Brillamment intelligente (sous presque tous les rapports),
    ayant porté les connaissances humaines à un degré
    inouï.
Valeureuse jusqu'à l'excès ; guerrière avec éclat.

La plus belle page de son histoire c'est d'avoir, puissamment et avec la plus vive ardeur, contribué à la destruction de l'esclavage.

Nation qui exige, au plus haut degré, qu'on sache
la conduire avec intelligence et dignité. Méprisant éner-
giquement toute politique tortueuse. Profondément dé-

vouée aux souverains et aux hommes d'État qui la font marcher à son rang.

Très-laborieuse et active; possédant l'esprit d'ordre, en masse;

au premier rang pour l'agriculture, qui deviendra une de ses plus belles gloires. — Industrieuse dans toute l'acception du mot;

montrant infiniment de goût dans les arts et dans beaucoup de choses de détail. — Très-entreprenante; — tolérante.

Possédant le génie maritime au point le plus élevé; n'ayant le génie créateur et commercial que jusqu'à un certain point, relativement, mais possédant le talent de perfectionnement au plus haut degré.

Sincère, généreuse même dans sa politique.

Avide de découvertes et envahissante par nécessité, mais avec philanthropie. — Essentiellement initiative;

Patiente prise en masse; — très-hospitalière et charitable;

possédant de très-belles institutions philanthropiques.

Plus que toute autre, contrée des idées, des élans généreux.

Traitant, *aujourd'hui*, dignement son armée. — Aimant passionnément la gloire des armes, les arts, le progrès et récompensant avec éclat, *moralement*, ses guerriers, ses navigateurs illustres, les auteurs des découvertes et des inventions utiles, et ses grands artistes.

CÔTÉ FAIBLE.

Nous parlerons peu du beau sexe ayant le monopole des modes les plus élégantes, les plus séduisantes, les plus dangereuses, les plus bizarres, les plus ruineuses, ou les plus absurdes; beau sexe autrefois cité pour sa grâce et son esprit; toujours infiniment distingué, mais aujourd'hui en train de devenir le sexe le plus laid par l'abus du corset et du tabac : malheur qui obscurcit, attriste déjà un des points les plus remarquables du monde (1).

Indépendamment de ce que nous avons déjà indiqué, voici ce que sont encore les hommes de cette nation, à beaucoup d'exceptions près, cependant :

Allant souvent au delà d'un juste orgueil ;
parfois légers ou insouciants ; — spirituels et nageant dans des abus stupides qui les acheminent vers la décadence.

Sacrifiant presque toujours à la mode : leur santé, beaucoup d'argent et le bon sens.

En voie de perdre l'amour de la famille, leurs qualités physiques, le goût si précieux des réunions de salon et leur ancienne courtoisie proverbiale, par l'abus du tabac et des liqueurs fortes (sans être ivrognes, pourtant) ; — se nourrissant, du moins la majorité, de denrées plus ou moins falsifiées.

Presque toute la jeunesse riche, paresseuse et désœuvrée, s'énervant dans de sots, dégoûtants et pernicieux plaisirs, tels que : le cigare, les lorettes et le jeu.

Ne possédant, individuellement ou comme nation, que d'une manière presque insignifiante, relativement, l'esprit d'association, et ne sachant pas assez tirer parti de leurs immenses ressources.

Inspirant une certaine défiance dans le commerce à cause des falsifications; indigne conduite qui est encore

(1) Les hommes s'affaiblissant et s'enlaidissant par l'excès du tabac, les femmes reçoivent naturellement le contre-coup.

plus préjudiciable à ceux qui la tiennent qu'à ceux qui sont lésés.

Ce qu'on appelle le peuple ne possédant pas l'esprit d'ordre et de propreté ; inhabile à se créer des ressources et des jouissances solides ; dépensant la moitié de son salaire en tabac, liqueurs fortes et d'autres choses nuisibles. — En fait de prudence et de dignité, trop confiants et se liant trop facilement. — Ayant souvent un mauvais esprit de critique qui déplaît singulièrement à l'étranger.

Comme nation, en fait de générosité, payant trop souvent les services avec des éloges, et en politique prodiguant, d'une manière déplorable, et leur sang et leur or.

Peuple aveugle, *sous certains rapports;* cependant, toujours étonnant, puissant et magnanime ; mais en voie d'une triste transformation, par les effets des abus et des vices ci-dessus mentionnés, *qu'on ne cherche pas même à modérer* (1)...

OBSERVATIONS.

Dans certaines positions, pour être un homme d'élite, dans toute l'acception du mot, il ne suffit pas d'avoir un grand courage, de grands talents et même du génie, il faut encore, autant que possible, *faire le bien et empêcher le mal.* On n'est réellement estimable qu'en remplissant cette dernière condition.

Hélas ! à *notre époque,* les hommes remarquables ne seraient-ils donc que bien rarement des hommes estimables !...

(1) Il est bien entendu que toutes ces tristes choses n'existent guère qu'à l'état d'embryon ; mais on va effrayamment vite sur cette pente rapide ! Que tous nos adversaires ne se réjouissent pas trop promptement de notre situation : nos défauts, ou l'équivalent, existent partout, mais on n'y rencontre pas toujours nos qualités. (Voir les *Considérations sur cinq fléaux,* du même auteur.)

Quand la chose est possible, il est toujours très-diffi-
cile de corriger les hommes, et ils font parfaitement de
se reprocher, *loyalement*, avec énergie, même avec in-
dignation, de nation à nation, leurs défauts, leurs vices
odieux, afin de se forcer à se maintenir ou à rentrer, le
plus possible, dans la voie de l'honneur.

III

CONSIDÉRATIONS GÉNÉRALES

SUR LES PUISSANCES DE L'EUROPE ET LA RÉPUBLIQUE DE L'AMÉRIQUE DU NORD.

UNE VÉRITABLE PAIX, OU UNE GUERRE ACHARNÉE.

Depuis longtemps, par la faute de presque toutes
les nations de l'Europe, l'Angleterre, par sa politique, aussi *adroite* qu'énergique, et ses forces mari-
times, règne sur presque toutes les mers. Sans la France,
presque tous les autres peuples seraient ses vassaux ; et s'il
n'en est point ainsi, il n'en est pas moins vrai que depuis
longtemps l'Autriche, la Prusse, presque tous les États
secondaires de l'Allemagne, le Portugal, la Turquie, la
Hollande, la Belgique, la Perse et l'Égypte, dansent souvent comme des marionnettes à son commandement, so-
nore ou muet. Cet état de choses, si humiliant pour ceux
qui le subissent, doit-il et peut-il continuer ? Si les inté-
ressés se taisent, ou répondent affirmativement, cela voudra dire : « Sous peu, reprise de la guerre, qui sera plus
acharnée que jamais. » Si la réponse est négative, cela
voudra dire : « Loyauté, progrès, consolidation d'une
véritable paix, prospérité et bonheur. »

IV

CAUSES DU MAINTIEN D'UNE POLITIQUE RÉPROUVÉE.

Ce qui tient un grand nombre de puissances sous le vasselage d'une seule, c'est qu'on leur jette sans cesse à la tête, avec une grande *habileté*, un objet qui excite leur fureur, ou les fait frissonner ; et cet objet de haine, de crainte ou de terreur, c'est la France, qui va tout dévorer ! C'est la France qui, cependant, plus que toute autre nation, veut la paix ! Elle l'a victorieusement prouvé par sa loyauté et les immenses sacrifices qu'elle a faits pour la réaliser. — Quand donc n'y aura-t-il plus de peuples civilisés ne voyant pas clair en plein soleil, ou sottement crédules ? — Mais venez donc la voir, cette France ; ou écoutez-la, écoutez-la où il faut l'écouter, et vous cesserez de vous en défier, de la détester et de la calomnier. Oui, elle est toujours prête à faire la guerre, mais elle veut fermement et honorablement la paix. Oui, le peuple français veut l'alliance anglaise ; il la veut loyale, pure, digne de deux nations illustres, qui doivent l'exemple : *intervenant chez les autres*. Oui, nous voulons de même l'alliance de tous les peuples. Une grande voix vous l'a dit : « La France peut avoir des sympathies pour toutes les nations, mais elle n'a de la haine pour aucune. » Oui, encore, la France pense que de l'honneur des grandes puissances dépend le bonheur de tous les peuples ! — Voilà ses principes. Mais le penple français préférerait la guerre au mal, à l'incertitude qu'il éprouve par suite de la politique étrangère d'aujourd'hui. Il nous faut une situation nette, digne d'un grand peuple ; de la sécurité, ou une guerre ouverte !

Chacun sait que la France a fait tous les efforts imaginables pour maintenir son alliance avec le Royaume-Uni, et qu'une grande partie du peuple anglais s'est montrée pleine de fiel, jalouse, tracassière, d'une susceptibilité injuste et blessante, même insolente à la tribune, dans des banquets, et que cette conduite inqualifiable aurait amené la guerre, sans l'excessive modération du gouvernement français et la noble conduite de la reine Victoria et de ses principaux conseillers. La France serait aujourd'hui pleine de sympathie pour la Grande-Bretagne : la majorité du peuple anglais ne l'a pas voulu !

« Si les Français venaient à se dégoûter tout à fait de l'alliance de leurs voisins, me disaient dernièrement deux étrangers d'une grande distinction (qui lisent les journaux britanniques), les Anglais ne l'auraient pas volé ! — Chez nous, on est singulièrement fatigué aussi de leur monstrueuse ambition, de leur politique et de leurs fanfaronnades. Cependant, ils ont le gouvernement pour eux... — Mais cet état de choses ne pourra pas durer, Dieu merci ! »

Le gouvernement actuel de la Grande-Bretagne a beau faire de nobles efforts pour détruire la haine stupide qui existe contre nous au fond du cœur d'un grand nombre d'Anglais, il y perd à peu près toute sa peine.

C'est à dessein que je viens de me servir du mot stupide, parce qu'il est clair et visible comme le jour, que le peuple français ne mérite pas le moins du monde la haine en question, et que d'un autre côté il est du plus haut intérêt de l'Angleterre de rester l'alliée de la France : cette assertion est vraie, comme deux et deux font quatre. Mais il y a des gens éclairés qui ne veulent pas voir clair !

V

APPELONS TOUJOURS LES CHOSES PAR LEUR NOM.

Personne n'ignore la conduite de lord Palmerston et de ses adhérents dans la question du percement de l'isthme de Suez, si ardemment désiré par toutes les nations. Ils voient qu'ils ne pourront pas empêcher la réalisation du projet; vite, ils volent, en pleine paix, l'île de Périm à la Turquie ; ils y jettent des troupes et des ouvriers en masse, ils en font un autre Gibraltar, pour commander l'entrée de la mer Rouge ; et, tout récemment, le nouveau gouvernement anglais déclare, à la face du monde, qu'il n'a pas connaissance de ce fait ! Et dire que cette île n'est pas encore rendue à son légitime propriétaire !

. Ce n'est pas tout, aujourd'hui la Grande-Bretagne veut aussi, en violant encore les traités, s'emparer de Corfou et d'une autre île voisine, qui sont à sa convenance ! — Qu'arrivera-t-il ?... Quelle détestable incertitude ! Et si la solution a lieu conformément aux vues des envahisseurs, elle ne pourra amener que la guerre !

Si la France commettait de telles actions, en moins de deux mois, elle aurait presque toute l'Europe, la Grande-Bretagne et l'Allemagne surtout, en armes contre elle. Mais c'est l'Angleterre qui a volé de nouveau, elle n'en est que mieux reçue par l'Autriche, la Prusse et la Turquie elle-même ! Quel exemple édifiant pour les peuples ! — Singulier moyen pour avoir le droit d'intervenir chez eux !—Vous vous imposez comme magistrat de sûreté, comme législateur suprême ! Commencez donc par être logique, honnête ; par respecter la justice, les traités, les lois de l'honneur ; et si telle n'est pas votre ligne de conduite, vous ne méritez, vous ne recueillez que la haine et le mépris.

VI

DROIT DE VISITE.

Passons à d'autres faits :

La Grande-Bretagne a puissamment contribué à l'émancipation des noirs, c'est vrai ; et elle a fait établir le droit de visite qui était nécessaire ; mais elle a pratiqué ce droit de manière à nuire constamment au commerce de toutes les autres nations, et de manière aussi à favoriser le sien : il n'y a jamais eu qu'une voix dans le monde là-dessus.

Dernièrement, nous engagions des nègres libres, parfaitement libres, pour nos colonies. Tout de suite, avec un empressement tout fraternel, des Anglais vont criant partout que nous faisons la traite des noirs. — Là-dessus, ils se ruent sur un de nos bâtiments de commerce ; et de là (quelque diable les poussant), de crédules Portugais d'en faire autant ! Quelle tendre, prévenante et loyale amitié !

En politique, nos voisins ne sont chrétiens que de nom.

Aujourd'hui leurs attaques incessantes nous forcent de leur rappeler bien des choses que nous aurions cent fois préféré taire.

VII

LOIS, ERREURS, POLITIQUE ET INSTRUCTION ANGLAISES.

Malgré sa haute position, le peuple anglais, tout le monde le sait, est rempli de préjugés. Il est également courbé sous de mauvaises lois et une détestable politique, qui provoquent à chaque instant, qui prolongent les malheurs du monde.

En général, la jeunesse anglaise ne reçoit que de l'instruction dans les colléges, l'éducation morale des plus jeunes élèves étant abandonnée aux plus âgés, qui ne sont que trop souvent déjà assez véreux, et d'ailleurs naturellement toujours sans expérience, système qui ne produit guère que des hommes égoïstes, vains et grossiers, par l'habitude, qu'ils prennent de trop bonne heure, du commandement. Un marmouset de 14 à 15 ans, ne sachant pas se conduire lui-même, parfois déjà dépravé et bouffi d'orgueil, chargé de l'éducation de deux ou trois petits! Quelle chose ridicule, pitoyable et dangereuse! Aussi les colléges sont-ils des lieux de brutalité par excellence, les coups de poing y pleuvent comme la grêle; les élèves les plus forts ou les plus sauvages y sont les plus respectés. C'est avec de pareils principes que l'on apprend à conduire des Indiens et d'autres peuples conquis! singuliers moyens encore, pour arriver à mettre en pratique les divines paroles : « Aimez-vous comme des frères. »

VIII

CAUSES DE L'ANTIPATHIE DE CERTAINS PEUPLES POUR LEUR GOUVERNEMENT.

Nous vivons dans un grand siècle où bien des gouvernements se plaignent de n'avoir, malgré tous leurs prétendus efforts pour bien gouverner, que peu ou point la sympathie de leurs administrés. Lorsqu'on examine attentivement ces gouvernements, on reconnaît toujours qu'ils sont pleins d'égoïsme, partiaux, tracassiers; qu'ils ont un langage hypocrite, et qu'au lieu d'employer leur capacité et leur énergie contre un ennemi commun, étranger, et contre les erreurs, ils emploient cette capacité et cette énergie, soit à gêner la liberté chez eux, soit pour faire payer des impôts exorbitants, tout en gaspillant les fonds.

Gouvernants! qui agissez de la sorte, voulez-vous avoir l'appui et les sympathies de vos sujets? — Soyez toujours justes, bienveillants et fermes; faites la guerre aux erreurs et aux forbans, au lieu de vous courber devant eux!

Un prince d'une grande nation du nord (la Prusse), vient de prendre rang dans la liste des souverains de l'Europe. Il est arrivé au pouvoir précédé d'une grande réputation de sagesse et de haute capacité; c'est dire qu'il marche tout à fait avec l'esprit de son siècle. Espérons que bientôt sa patrie et l'Europe auront à se féliciter de sa conduite politique, qui a déjà de nobles précédents.

IX

L'ANGLETERRE ET L'AMÉRIQUE DU NORD.

La Grande-Bretagne, dans ses relations ordinaires ou dans ses démêlés avec sa fille émancipée, l'Amérique du Nord, montre presque toujours beaucoup de douceur et une grande condescendance, quoique son irascible fille lui ait mis, pour ainsi dire, dans plusieurs circonstances, le poing sous le nez. On a avancé, fort légèrement, que la vieille mère craint sa fille, ce qui n'est qu'une supposition gratuite, l'Angleterre augmentant sans cesse sa marine et fortifiant ses côtes jour et nuit pour prouver qu'elle n'a peur de personne... Cette condescendance ne serait-elle pas plutôt le résultat d'un profond calcul, et ne voudrait-t-on pas, par cette conduite de modération, se ménager une alliée future pour le cas d'une guerre avec la France, afin de lui enlever ses colonies et détruire encore une fois sa marine, sans essuyer trop de dommage? — Je ne soutiens rien à ce sujet; mais j'affirme qu'il faut s'attendre à tout de la part des hommes d'État d'une certaine école, qui peuvent revenir au pouvoir; alors, plus tard, avec d'autres alliés, ils pourraient détruire la marine des Etats-Unis, et ainsi de suite.

X

FORCES DE LA FRANCE.

On a toujours beaucoup parlé des forces de nos rivaux, mais on n'a jamais assez parlé de leurs côtés faibles.

Pour le moment, il faudra pourtant bien que l'on finisse par avoir une politique franche avec la France qui, depuis quelques années, s'est montrée peut-être trop crédule, trop modérée, trop désintéressée, et qui peut jeter en quelques jours, on le sait, 500,000 hommes aguerris sur sa frontière; qui pourrait de même en présenter encore autant en quelques semaines, et mettre de suite 80,000 intrépides marins en ligne, sur des vaisseaux formidables. Il faut bien tenir compte aussi des sympathies que ces armées pourraient rencontrer chez certains peuples, d'autant plus que cette nation (la France) ne veut plus, n'a plus besoin de conquêtes, qu'elle est suffisamment forte telle qu'elle est, et que de sages alliances lui suffiraient.

XI

HYPOTHÈSE D'UNE GUERRE.

Maîntenant supposons que, par suite de la persistance de la politique du jour, la guerre devienne inévitable (ce qu'à Dieu ne plaise !) et qu'elle entraîne encore une fois l'Angleterre, l'Autriche, la Prusse, presque tous les États secondaires de l'Allemagne, et le Portugal, contre nous ; mais que l'Amérique du Nord, la Turquie, la Grèce, la Belgique (pour lesquelles nous avons versé notre sang), l'Espagne, la Suède, le Danemark, l'Égypte (qui nous doit une grande partie de sa régénération), la Perse, et la Suisse, tous pays où nous avons des sympathies et qui savent bien ce qu'ils peuvent attendre de nous, restent neutres.

Supposons aussi, tout naturellement, que la Russie et la Sardaigne soient nos alliées ; on le voit, la conflagration serait effroyable. Une fois la guerre engagée, voici (il est raisonnablement permis de le croire) ce qui surgit, à peu de chose près :

Ses provinces d'Italie, la Hongrie et une fraction de la Pologne échappent à l'Autriche.

Une autre fraction de la Pologne et les provinces rhénanes échappent à la Prusse.

Les deux fractions en question de la Pologne se jettent vraisemblablement dans les bras de la Russie, aujourd'hui sous le sceptre d'un grand et digne réformateur.

L'Inde, l'Irlande, le Canada et les îles Ioniennes échappent à l'Angleterre.

Il en serait peut-être de même de l'Écosse, qui sait ce

qu'elle vaut et qu'elle n'est pas faite pour être vassale, mais bien monarchie indépendante et considérée, chose dont nous convenons parfaitement.

Il pourrait encore se faire que dans ces conjonctures le parti de la réforme, très-capable et très-énergique, qui peut grossir vite, poussant une charge à fond, bouleversât l'aristocratie et anéantît les priviléges ; dernière chose qui, du reste, n'affaiblirait pas le moins du monde davantage la nation anglaise.

· Indépendamment de tout cela, notre marine, celles de nos alliés, et la piraterie, que l'on ne saurait guère empêcher, ruinent une grande partie du commerce anglais ; interceptant les vivres que la Grande-Bretagne reçoit du dehors, les cotons qu'elle tire de l'Amérique et qui alimentent la majeure partie de ses manufactures. On peut facilement se figurer quelles seraient ses souffrances dans cette situation. Sans nul doute ses adversaires auraient beaucoup à souffrir aussi, mais leur position serait six fois moins terrible que la sienne ; car, la moitié de ses fabriques arrêtée, elle ne pourrait plus continuer la guerre ; de plus, le manque d'ouvrage, une demi-famine et certaines idées déjà assez répandues dans la Grande-Bretagne, pourraient bien amener une révolution sociale. — Toutes ces hypothèses n'ont absolument rien d'invraisemblable. Ajoutons encore que la marine à vapeur et les chemins de fer ont déjà ôté à l'Angleterre une grande partie de ses avantages comme forces guerrières, et que cet état de choses s'accroît tous les jours.—Tout le monde sait cela, et les Anglais de bonne foi en conviennent eux-mêmes.

Ce n'est pas tout. Pendant qu'on se bat avec acharnement, des mahométans, stupides et féroces, assassinent les chrétiens en Orient ; l'empire turc, qui craque de toutes parts, se dissout peut-être ; les peuples romains, napolitains, etc., se soulèvent ; d'autres États demandent la réalisation de certaines promesses et la révision ou l'abolition de leurs lois ; de là, conflit encore ; partout les idées de liberté, de vengeance et l'odeur de la poudre animent, excitent les plus timides ; l'exaltation est à peu près partout. Et pour se convaincre que je ne fais pas du roman, qu'on se souvienne de ce qui s'est passé en Autriche, en Hongrie, en Prusse, en Italie et en France, en 1848-49.

Au milieu de tout cela, les États-Unis, que cet épouvantable bouleversement ne peut atteindre, s'emparent d'une partie de l'Amérique du centre, du Mexique, etc., ce qui pourrait bien éterniser la guerre, plus tard.

Voilà probablement à peu près ce qui se passerait dans le cas d'une guerre entre les puissances déjà citées, et il nous est permis de croire que la France, la Russie et la Sardaigne sortiraient victorieuses de la lutte. Ceux qui doutent n'ont qu'à réfléchir un moment sur la situation actuelle des esprits *chez les peuples*, pour être fixés.

XII

CONCLUSION.

Nos voisins publient modestement depuis longtemps, dans leurs journaux et ailleurs : « *L'Angleterre est la reine du monde !* » Ce qui veut dire, tout simplement, qu'ils commandent le monde. — Assertion tant soit peu impudente et mensongère, car comment commanderaient-ils à la France, à l'Amérique du Nord ou à la Russie, eux qui, aujourd'hui, comme dans un an, ou plus, n'oseraient pas attaquer, seuls, une de ces trois puissances ?

Mais le fait est que si on laissait *prospérer* leur système politique, chaque Anglais finirait bientôt par devenir tout à la fois un nabab, un satrape; et, à l'égard des autres nations, un inquisiteur et un schlagueur!

Avant de terminer, disons hautement que c'est à la majeure partie des États de l'Allemagne que l'on doit la continuation de l'infernal système politique qui peut encore amener la guerre, une guerre d'extermination. En continuant ils courent bien des dangers. Quand donc comprendront-ils que nos intérêts sont les leurs?

Il y a trois ans, une illustre reine, bien innocente de la conduite que l'on tient parfois à notre égard dans son empire, est venue courtoisement nous visiter, et elle a reçu du monarque et du peuple qu'elle venait voir, un accueil digne d'elle; et pour perpétuer le souvenir de sa noble et gracieuse démarche, nous avons donné son nom à un magnifique boulevard nouvellement créé. Voulant nous prouver de nouveau son estime, elle est venue encore, il y a peu, nous voir à Cherbourg. Le peuple français, qui sait tout ce que cette grande reine a fait pour le maintien de la paix, est profondément touché de sa royale conduite; aussi ne compte-t-elle dans nos rangs que des admirateurs, de bien respectueux et bien sincères amis.

Il est question que l'empereur Alexandre II viendra nous visiter au printemps prochain. Ce jeune monarque, qui réunit toutes les grandes et toutes les aimables qualités que l'homme puisse posséder; qui travaille avec une ardeur infatigable au bonheur de son digne peuple; qui, étant prince, offrait sa bourse et ses bons offices aux prisonniers français, dans la campagne de Crimée, sera reçu par nous avec une énergique chaleur.

On l'a vu par le simple exposé que nous venons de faire, l'état de nos forces est parfaitement satisfaisant. En 93, nous étions loin d'avoir les moyens que nous possédons maintenant, et, cependant, nous avons repoussé, seuls, une coalition formidable, « et rendu l'invasion dont elle nous avait menacés. » Aujourd'hui, pour se maintenir à la hauteur qui lui convient, la France n'a seulement qu'à ne pas se laisser duper. Elle surmontera tous les obstacles en se montrant, selon les circonstances, modérée, prudente, ferme, déterminée : l'expédition de 1830 a montré tout ce qu'elle peut attendre de ces quatre grandes qualités.

Dans le cas d'une guerre avec la Grande-Bretagne (qui n'aura pas lieu, nous l'espérons bien), cette puissance, par suite de tous les points qu'elle a à garder, ne pourrait guère mettre en ligne plus de vaisseaux que la France, et l'on sait depuis longtemps que les marins anglais ne sont plus les premiers du monde, n'étant qu'à la hauteur des nôtres : sous Louis XIV déjà, n'a-t-on pas vu la marine anglaise fuir devant la nôtre? Personne n'ignore aujourd'hui qu'une descente en Angleterre est chose possible ; plus de cinquante points de débarquement non défendus sont connus, et plusieurs de ceux qui sont fortifiés sont loin d'être invulnérables : des membres du parlement l'ont même déclaré en pleine assemblée. D'un autre côté, Napoléon Ier l'avait jugée parfaitement exécutable, à une époque où la marine à vapeur n'existait pas ; il a été arrêté dans son projet de descente par une guerre continentale.

Quoi qu'il arrive, n'oublions pas que nous avons dans la nation russe une alliée aussi énergique que puissante, loyale, sympathique, qui nous tend les bras.

Si la Grande-Bretagne désire garder notre alliance,

chose que nous verrions avec la plus grande satisfaction, cela ne doit pas nous empêcher d'en contracter une avec la Russie, qui nous offre toute garantie, et qui ne pourrait qu'assurer davantage la paix du monde, qui n'existe qu'à demi aujourd'hui.

Malgré un grand pas de fait, non, mille fois non, la politique, cette grande chose de première nécessité pour les nations, n'est point encore à la hauteur du progrès de la majeure partie des autres sciences, il s'en faut ! et cela tout simplement parce que l'on a toujours employé, plus ou moins, en cette matière, la ruse, au lieu de la probité.

Trois choses pourraient mettre tout le monde d'accord en Europe :

1° La cessation, par certaines puissances, d'une détestable politique, comme la Russie a eu le bon esprit et la grandeur de faire de la sienne.

2° La cession d'un vaste territoire de la Cochinchine, qui serait faite à l'Autriche, qui a besoin d'une grande colonie, en échange de ses provinces d'Italie, qui redeviendraient libres, car *jamais* elles ne se soumettront volontairement à la domination autrichienne; la haine ne fera que grandir : la fusion espérée est une chimère.

Et 3° réparer une grande injustice en rendant les îles Ioniennes à la Grèce, leur mère.

C'est par de pareils actes que l'on illustre sa patrie, qu'on honore et affermit les trônes !

Tant que ces trois choses (ou l'équivalent) ne seront pas réalisées, il n'y aura que déchirement ou malaise, ou paix armée et ruineuse en Europe.

Après l'exécution de ces trois choses (tant désirées et si nécessaires) qui ferait bénir les souverains qui les auraient réalisées; une fois dans une telle voie de grandeur, ne serait-il pas digne aussi des grandes puissances chrétiennes de reconstituer la glorieuse et infortunée Pologne ? — La Prusse et l'Autriche seraient dédommagées toujours par la cession de grands territoires de la Cochinchine et même de la Chine, lorsque cette puissance, dont les chefs sont aussi fourbes, aussi arriérés que barbares et ridicules, manquerait à ses engagements, ce qui ne peut tarder.

Quant à la Russie, il faut s'attendre à toute la générosité possible de la part de son souverain ; il serait facile aussi de lui donner un dédommagement, si elle en voulait un.

En moins de trois mois tout cela pourrait être exécuté.

Voilà ce qui consoliderait parfaitement la paix de l'Europe ; voilà ce qui serait digne des souverains et des peuples qui adorent le Christ! Voilà ce qui serait digne de notre époque, qui marcherait ainsi doublement à l'immortalité !

Aujourd'hui, dans la situation où se trouve le monde, la France oubliera moins que jamais que la probité, la générosité et l'énergie font aimer et respecter les empires.

« Une grande nation doit se taire,
ou ne jamais parler en vain. »

Le prince LOUIS-NAPOLÉON BONAPARTE,
(aujourd'hui Empereur).

Paris. — Imp. BAILLY, DIVRY et Cᵉ, place Sorbonne, 2.